Para: **Melissa**

De: **Gaby 3.**

Título original: To my Sister
Texto original: Julie Mitchell Marra
Edición original: C.R. Gibson Company, Norwalk, Connecticut
Traducción y edición: Lidia María Riba

Fotocromía: DTP Ediciones

Texto: ©1997, Julie Mitchell Marra
Fotografías: ©1997, Bahner Studios, AG

© 2000, V & R Editoras
www.libroregalo.com / www.vergarariba.com

ARGENTINA: Ayacucho 1920 - C1112AAJ, Buenos Aires
Tel./Fax: (54-11) 4807-4664 y rotativas
e-mail: editoras@vergarariba.com.ar

MÉXICO: Galileo 100, Colonia Polanco - México DF 11560
Tel./Fax: (5255) 5281-8451/8453/4187 • 5220-6620/6621
e-mail: editoras@vergarariba.com.mx

ISBN: 987-9201-17-5

Impreso en China por Ava Book Production Pte. Ltd., Singapore
Printed in China

A mi hermana / compilado por: Lidia María Riba.
1ª ed, 2ª reimp. – Buenos Aires: Vergara y Riba, 2005.
48 p.; 18 x 13 cm.

ISBN 987-9201-17-5

1. Libro de Frases.
2. Riba, Lidia María, trad.
II. Título
CDD 808.882

A Mi Hermana

Fotografías de

Kim Anderson

Textos de Julie Mitchell Marra

V&R
EDITORAS

$\mathcal{L}$a vida me concedió un deseo
sin haberlo pedido:
tener una hermana.

*H*emos compartido tanto
durante estos años,
que el lazo que nos une es invalorable
y durará para siempre.

Juntas íbamos a la escuela,
juntas esperábamos
la magia de la Navidad,
juntas tolerábamos
el aburrimiento de las siestas,
juntas imaginábamos el mañana.

*J*untas vivimos lo bueno y lo malo,
las tardes en el parque de diversiones
y la fiebre de las enfermedades infantiles,
la risa incontenible de vernos caer
con los primeros patines y la emoción
de los primeros amores.
La vida era más fácil
porque la aprendíamos juntas.

*P*or todo ese mundo compartido,
una hermana es nuestra amiga,
pero también es parte de una misma,
como nadie podría serlo jamás.
Una hermana
conoce las debilidades
de nuestro corazón
y nos alienta a superarlas.
Sólo con una hermana

podemos ser siempre un poco niñas.

*C*ontigo hoy
puedo reír,
puedo llorar,
puedo contarte todo
o sólo quedar callada.

Contigo,
como con ninguna otra amiga,
soy yo misma,
sin disfraces.

Aquellas terribles peleas...

Nos decíamos cosas muy duras,
y, apenas momentos después,
las dos nos reíamos
sin recordar siquiera por qué
habíamos comenzado a pelear.

*E*ntre todas las relaciones de afecto
que podemos cultivar en la vida,
el cariño que nos une a una hermana
es único, indestructible
y no sabe jamás de distancias
ni de silencios.

*P*ara una hermana
jamás seremos inoportunas...
ella estará dispuesta a ayudarnos,
sin que le importen la hora o el día.

Una hermana
nos escucha,
nos consuela,
nos tiende su mano
sin preguntas.

Cuando la vida parece más difícil...

saber que cuento
con tu apoyo incondicional,
hace mucho más liviana mi carga;

puedo expresar mis miedos
porque entiendes exactamente
de dónde vienen
y sabes cómo disiparlos.

*L*a gente que conocemos
nos encuentra parecidas.

Cómo no serlo
si reconocemos una en otra
la mirada familiar,
las aptitudes especiales,
los secretos compartidos.

Nos unen las mismas raíces...

el hogar, las vivencias,
la memoria,
los sueños heredados,
los sueños que iniciamos juntas.

Tú y yo,
juntas,
somos el ayer de la familia
y seremos su futuro.

*N*unca nos faltan las palabras.

Con una hermana
podemos hablar durante horas
de temas sin importancia,
o confesarnos el dolor más profundo
susurrando
en medio de una multitud.

*C*ontar contigo le ha dado a mi vida
más luz, más alegría, más confianza.

No siempre coincidimos...

Elegimos recorrer caminos diferentes.

Nuestras opiniones,
nuestra manera de enfrentar la vida
pueden ser distintas...

Sin embargo, todos nuestros problemas
siempre tienen solución.

A veces, casi como un espejo,
nos reflejamos una en la otra
y, otras veces,
no podemos ser más opuestas.

Pero, a pesar de todo,
contra viento y marea,
nos queremos de forma
incondicional.

$\mathcal{E}$n distintos momentos
actuamos una con la otra,
como hermana mayor,
como hermana menor.

Me has enseñado
a cuidar lo que amo
y a valorar los pequeños detalles.

$\mathcal{T}$e he enseñado
a ser menos exigente
contigo misma
y a disfrutar más el presente.

Gracias por escucharme
sin juzgar,
por darme consejos
sin presionarme.

Gracias por ayudarme
a tener confianza en mí,
y por hacerme saber,
sin palabras,
que estarás siempre a mi lado.

*L*o mejor de ser hermanas
es este sentimiento tan profundo
de poder compartirlo todo.

Ocupadas con distintos intereses,
pero siempre cerca.

Luchando para lograr nuestras metas,
pero sin perdernos de vista una a la otra.

Viviendo nuestras propias vidas,
pero siempre juntas.

Siendo mi hermana, has sido testigo

tanto de mis victorias
como de mis derrotas.

Esperas siempre lo mejor para mí,
pero me aceptas tal como soy.

*H*as sido mi confidente
y mi apoyo;
me has dado esperanza
y me has ayudado.

Porque sabes,
más que nadie,
qué necesito para seguir adelante.

Sólo con una hermana
podemos olvidar
algunas reglas de la amistad.

Las dos sabemos
que no importan las circunstancias,
ni el momento,
ni el tiempo que hayamos pasado alejadas...

no existe una brecha
capaz de mantenernos separadas
si una necesita de la otra.

Mi hermana, mi amiga,

hemos ido cambiando juntas,
pero para mí serás siempre
la memoria de mis sueños,
la solidez del amor familiar,
la cálida vuelta a casa...

Que la vida te colme de alegrías;
yo estaré a tu lado para celebrarlas.

Otros libros para regalar

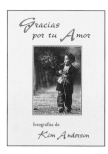

GRACIAS POR
TU AMOR

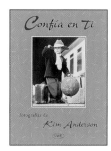

CONFÍA
EN TI

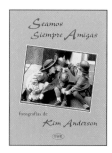

SEAMOS SIEMPRE
AMIGAS

DISFRUTA
TUS LOGROS

NACIMOS PARA
ESTAR JUNTOS

POR NUESTRA
AMISTAD

LA MARAVILLA
DE LA AMISTAD

POR QUÉ
TE QUIERO

TODO
ES POSIBLE

VOCACIÓN DE
ENSEÑAR

POEMAS PARA
ENAMORAR

NUNCA TE RINDAS

UN REGALO
PARA EL ALMA

PUEDES SER
LO QUE SUEÑAS

UNA PAUSA
PARA EL ESPÍRITU

TE REGALO
UNA ALEGRÍA

ÁMAME
SIEMPRE

LA MAGIA
DE LA AMISTAD